어린이 지식클립은
초등학생들이 학교 공부를 토대로 세상을 알아 가는 데
필요한 다양한 배경지식을 재미있는 그림과 알찬 문장으로
소개하는 초등 교양 시리즈입니다.

어린이
지식클립 6

누렁 선생과 떠나는
신나Go! 한자

김경희 글 · 김석 그림

작가의 말

어렵고 낯선 한자,
그림과 재미있는
이야기를 통해
쉽고 재미있게 배워요!

책을 읽거나 공부를 할 때 낯설고 어려운 단어를 만난 적 있나요? 예를 들어 '입학(入學)'은 '들 입(入)'과 '배울 학(學)' 자가 합쳐진 말로 '학교에 들어가다'라는 뜻이고, 상의(上衣)는 '윗 상(上)'과 '옷 의(衣)' 자가 합쳐진 말로 위에 입는 옷을 뜻해요. 이처럼 우리가 사용하는 단어의 60% 이상은 한자의 결합으로 되어 있어서 한자를 모르면 그 뜻을 이해하기 힘들 때가 많아요. 그래서 우리말을 정확하고 바르게 알기 위해서라도 한자는 꼭 배워야 한답니다.

그렇다면 한자는 어떻게 만들어졌을까요?

맨 처음에는 사물의 모양을 본떠 글자를 만들었어요.

'산 산(山)' 자는 우뚝 솟은 세 개의 봉우리를 본뜬 글자이고, '나무'라는 뜻의 '목(木)' 자는 땅에 뿌리를 박고 서있는 나무의 모습을 표현했지요. 이렇게 사물의 모양을 본뜬 글자를 '상형자'라고 해요.

물론 모든 한자가 사물의 모양을 본뜬 것은 아니에요. '木(나무 목)' 자를 두 개 합치면 나무가 꽉 들어찬 곳을 뜻하는 '林(수풀 림)'이 만

　들어져요. 이처럼 한자의 뜻을 모아 만든 글자를 '회의자'라고 하죠. 선이나 점 같은 기호로 만든 한자도 있어요. 이를 '지사자'라고 하는데, 一(하나 일), 二(두 이), 三(석 삼), 上(윗 상), 中(가운데 중), 下(아래 하) 같은 것들이에요. 또한 한쪽은 음, 다른 한쪽은 뜻을 나타내는 형성자도 있어요. '記(기록할 기)' 자는 '言(말씀 언)'과 '己(몸 기)' 자가 합쳐진 형성자랍니다. 어때요? 원리를 알고 보니 한자가 좀 더 쉽게 느껴지나요?

　〈누렁 선생과 떠나는 신나Go! 한자〉는 한자를 어려워하는 아이들이 그림을 통해 한자의 모양과 뜻을 쉽고 재미있게 익힐 수 있게 만든 책이랍니다.

　자, 그림 책장을 넘기면서 재미있게 한자를 익혀 볼까요? 쉽고 재미있는 이야기와 함께 미션을 풀다 보면 어려운 한자들이 어느새 여러분의 머릿속에 쏙쏙 들어와 있을 거예요.

2021년 **김경희**

차례

작가의 말 2

1장
신나는 보물찾기!
뒷산에서 배우는 **자연** 한자
10

2장
달래골에서 이름표 붙이기!
돌잔치에서 배우는 **인물** 한자
32

3장

오싹오싹
호랑이 고개에서 한자 찾기!
호랑이 고개에서 배우는 **동물** 한자
54

4장

비밀 감옥 탈출 대작전
관아에서 배우는 **방향** 한자
76

5장

두근두근 소풍가는 날
들판에서 배우는 **생활** 한자
98

누렁이, 드디어 선생님이 되다!

1장 신나는 보물찾기!

뒷산에서 배우는
자연 한자

누렁 선생의 첫 수업

체험 학습이라고?

　나 갑순이, 오늘 태어나서 처음으로 서당에 다니길 잘했다는 생각이 들었어. 밖에서 수업을 하다니, 너무 설레잖아! 사실 가만히 앉아 공부하는 건 적성에 안 맞았거든. '체험 학습'이란 건 왠지 재밌을 거 같았지.
　"누렁이… 아니, 누렁 선생님! 대체 어디 가는 겁니까?"
　나가기 싫다며 투덜대던 개똥이가 한마디 했어.
　"여러분, 지금까지 수업은 서당에서 책 읽는 게 전부였죠? 오늘은 뒷산에서 놀며 한자를 배워볼 거예요!"
　"놀면서요? 그럼 숨바꼭질하는 거예요?"
　"그보다 훨씬 재밌는 '한자 보물찾기'를 할 거예요!"
　"보물찾기요?"

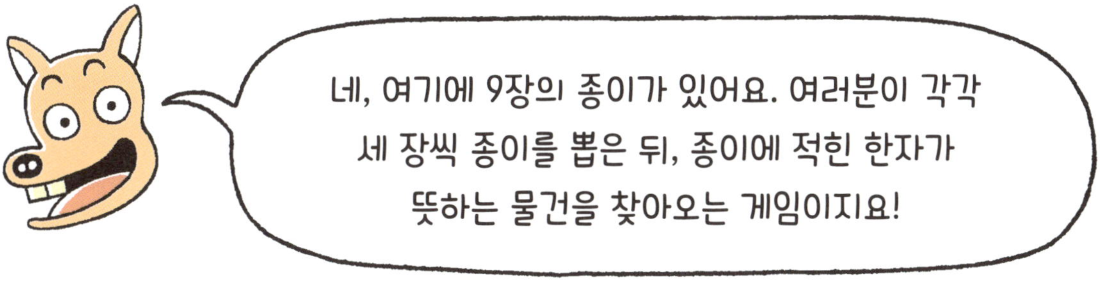

"네, 여기에 9장의 종이가 있어요. 여러분이 각각 세 장씩 종이를 뽑은 뒤, 종이에 적힌 한자가 뜻하는 물건을 찾아오는 게임이지요!"

개똥이가 시큰둥하게 물었어.

"물건을 찾으면요? 무슨 선물이라도 주나요?"

"가장 먼저 물건을 찾은 사람에게 소고기, 2등은 꿀단지, 3등에게 호박엿을 줄 거예요."

으악, 어쩌지? 난 아는 한자가 하나도 없는데!

"에이~, 가르쳐 준 것도 없으면서 문제부터 내면 어떡해요?"

"맞아요! 그런 건 공부 잘하는 개똥이만 할 수 있다고요!"

내가 볼멘소리를 하자, 맹구가 맞장구쳤어.

"저런, 한자를 너무 어렵게 생각하는 것 같네요!"

누렁 선생은 이렇게 말하고는 그림 한 장을 꺼냈어.

"여러분, 이게 무슨 그림일까요?"

"산이요, 봉우리가 세 개인 산!"

"맞아요. 이 그림 위에 한자를 써 볼게요!"

그러자 개똥이가 잘난 체를 했어.

"뭐야. 너무 쉽잖아요! 저건 세 살짜리 애도 아는 건데."

"어? 근데 한자가 진짜 산처럼 생겼어요!"

나는 신기한 걸 발견한 듯 외쳤어.

"그렇죠? 아주 먼 옛날 그 어떤 문자도 없던 시절을 상상해 봐요. 사람들이 누군가에게 산을 표현할 때, 가장 먼저 쓴 방법은 바로 그림을 그리는 거였어요. 그림은 점점 단순해지다가, 세월이 흘러 마침내 한자로 변형되었죠."

"그럼, 한자는 사물의 모양을 본떠서 만든 거예요?"

"맨 처음에는 그랬어요. 하지만 문화가 발달하면서 점차 뜻글자로 바뀌어 갔죠. 어때요? 원리를 알고 보니, 별로 어렵지 않죠?

"네에!"

그때 맹구가 작은 목소리로 중얼댔어.

"헉, 왜 누렁 선생인가 했더니, 이빨이 진짜 누~래!"

그 말을 듣기라도 한 듯 누렁 선생이 성큼성큼 다가왔어.

"맹구 학생! 지금 뭐라고 했나요?"

"그, 그게요, '나무 목' 자를 보니까, 음… 풀은 한자로 어떻게 쓰는지 갑자기 궁금해서요."

"오, 맹구 학생이 이렇게 열심히 하는 학생인지 미처 몰랐네요!"

누렁 선생은 맹구 머리를 쓰다듬었지.

보물찾기 시작

"자, 종이를 뽑는 순간 보물찾기 시작입니다!"

누렁 선생의 말에 모두 눈빛이 초롱초롱해졌어.

"보나 마나 소고기는 내 거야!"

개똥이는 마치 1등이라도 한 것처럼 말했어. 맹구는 보물찾기에는 별 관심 없는 듯 부싯돌만 만지작거렸지.

난 보물을 다 찾아서 맨날 잘난 체하는 개똥이 코를 납작하게 해 주고 싶었어. 으~, 쉬운 한자가 나와야 할텐데….

나는 종이를 뽑자마자 후다닥 바위 뒤로 달려갔지.

으잉? 이게 뭐야? 竹, 石, 果. 죄다 모르는 한자잖아!

나는 친구들을 은근슬쩍 살폈어. 맹구는 부싯돌만 만지작 거렸고, 개똥이는 뭐 때문이지 못마땅한 얼굴이었지.

후유, 공부 좀 열심히 할 걸…. 어차피 한자 보물 찾긴 틀렸고, 마침 개암나무가 보이길래 개암 하나를 똑 따 먹었어. 그런데 너무 맛있지 뭐야. 난 그 자리에서 열 개나 먹고 남은 건 주머니에 넣었어. 그러고는 옆에 나 있는 죽순도 한 덩이 캐고 공깃돌을 주워 신나게 놀았지.

피릴릴리~

누렁 선생이 피리를 불었어. 나는 자리를 털고 터덜터덜 걸어갔지. 보나 마나 꼴찌일 테니까.

모두가 모인 가운데 맹구가 가장 먼저 손을 들었어.

"이 한자 '불 화' 맞죠? 제가요, 불을 만들었어요!"

'불 화' 자를 뽑은 맹구는 불을 피워서, 한 문제 맞혔지. 자칭 '한자 천재' 개똥이는 물건을 하나도 못 가져왔지 뭐야.

다음은 내 차례였어. 우물쭈물하던 나는 에라 모르겠다, 주머니에 있는 걸 다 꺼냈어.

"개암 열매, 대나무 죽순, 돌까지! 갑순 학생 다 찾았네요!"

대박! 이게 무슨 일이야? 내가 1등이잖아! 히히.

누렁 선생 수업 말이야, 왠지 나랑 잘 맞을 거 같은걸?

그림으로 기억하는 한자

金
쇠 금

흙 속에서 빛나는 쇠를 본뜬 한자로 금이나 돈을 뜻해요.
금(金)이 들어간 단어 : 황금(黃金), 금고(金庫)

日
날 **일**

둥근 해의 모양과 해 안에 있는 흑점을 본뜬 한자로 태양, 낮을 뜻해요.
일(日)이 들어간 단어 : 생일(生日), 일기(日記)

月
달 **월**

초승달의 모양을 본뜬 한자로 달을 뜻해요.
월(月)이 들어간 단어 : 세월(歲月), 월급(月給)

火

불 화

장작 위에 불길이 솟아오르는 모습을 본뜬 한자로 불을 뜻해요.

화(火)가 들어간 단어 : 화산(火山), 화재(火災)

水

물 수

끊임없이 흐르는 강물을 본뜬 한자로 물, 강물을 뜻해요.

수(水)가 들어간 단어 : 수영(水泳), 음료수(飮料水)

벼랑 아래로 굴러떨어지는 돌을 본뜬 한자로, 돌을 뜻해요.
석(石)이 들어간 단어 : 보석(寶石), 석유(石油)

果

열매 **과**

 나뭇가지에 열매가 달린 모습을 본뜬 한자로 열매, 결과를 뜻해요.
과(果)가 들어간 단어 : 과수원(果樹園), 결과(結果)

竹

대나무 **죽**

 대나무 잎을 표현한 한자로, 대나무를 뜻해요.
죽(竹)이 들어간 단어 : 죽순(竹筍), 죽마고우(竹馬故友)

8급 한자 쓰기

큰 소리로 읽고 획을 따라 쓰며 8급 필수 한자를 익혀 보세요.

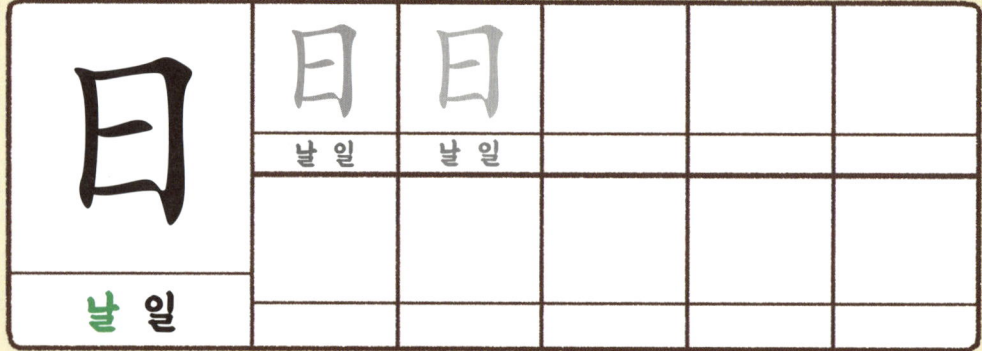

필순 丨 冂 冃 日

日 — 날 일

필순 丿 冂 月 月

月 — 달 월

필순 丶 丶 丿 火

火 — 불 화

필순 亅 冫 刁 水

水	水	水			
물 수	물 수	물 수			

필순 一 十 才 木

木	木	木			
나무 목	나무 목	나무 목			

필순 丿 人 亽 亼 숲 숲 金 金

金	金	金			
쇠 금	쇠 금	쇠 금			

필순 一 十 土

土	土 흙토	土 흙토			
흙 토					

필순 ㅣ 山 山

山	山 산산	山 산산			
산 산					

필순 ノ 宀 冖 눅 年

年	年 해년	年 해년			
해 년					

필순 一 ナ 大

大	大	大			
	클 대	클 대			
클 대					

필순 丨 口 口 中

中	中	中			
	가운데 중	가운데 중			
가운데 중					

필순 亅 小 小

小	小	小			
	작을 소	작을 소			
작을 소					

2장 달래골에서 이름표 붙이기!

돌잔치에서 배우는
인물 한자

누렁 선생의 두 번째 수업

이름표를 붙여라!

누렁 선생을 따라 도착한 곳은 달래골이었어. 달래골은 개똥이가 사는 마을이야.

"여러분, 오늘 수업은 여기서 할 거예요."

가만! 개똥이네 마을에서 보물찾기 하는 건가? 안 그래도 개똥이가 우리 중에 공부를 가장 잘하는데 이건 대놓고 개똥이를 밀어주는 거잖아!

개똥이 동네잖아!

불공평해!

결국 나는 손을 번쩍 들고 외쳤어.

"선생님, 이건 아니죠! 이 동네에서 보물찾기 하면 개똥이만 좋은 거잖아요! 자기 동네니까 오죽 잘 알겠어요?"

"맞아요! 이건 불공평하다고요!"

맹구도 입술을 씰룩거렸어.

"오늘은 보물찾기가 아니에요. '이름표 붙이기' 게임을 할 거예요!"

"이름표 붙이기요?"

"네, 오늘 김 진사 댁에서 돌잔치가 열려요."

"어? 김 진사라면 훈장님 사촌 동생 아닌가요?"

개똥이가 아는 척을 했어.

"맞아요. 김 진사가 작년에 '금동이'라는 아들을 얻었는데 우리가 훈장님을 대신해 축하도 하고, 수업도 할 생각이에요."

누렁 선생은 김 진사 댁 문 앞에서 오늘의 게임을 설명했어.

" 이름표 붙이기는 자신이 뽑은 한자에 해당하는 사람을 찾아 등에 한자를 붙이는 게임이에요. 오늘 1등에게는 소갈비와 12첩 반상을, 2등은 3첩 반상, 3등에게는 팥떡 한 개를 줄 거예요!"

"선생님! 지금, 당장, 빨리 시작해요!"

우리는 동시에 침을 꿀꺽 삼키며 외쳤어.

"그 전에 몸풀기 한자! 자, 이 글자가 뭔지 아는 사람?"

"어? 그거… 시옷 아닌가요? 시옷!"

맹구 말에 한바탕 웃음이 터졌어. 개똥이가 코웃음치며 말했지.

"야, 너 저 글자도 모르냐?"

"모를 수도 있지. 모르니까 서당에 온 거잖아!"

"서당 다닌 지 석 달이 넘었는데 저 글자 모르는 사람은 아마 너밖에 없을 거다!"

그러자 누렁 선생은 큼큼 헛기침하며 말했어.

"지금이라도 배우면 되죠! 이건 사람을 뜻하고 '인'이라고 읽어요. 사람이 팔을 내리고 있는 모습을 본뜬 한자예요."

"다음 한자는 '몸 기' 자예요. 사람이 몸을 굽히고 있는 모습을 본뜬 글자랍니다."

"선생님, 너무 어려워요. 아무리 게임이라지만, 한자만 보고 무엇을 뜻하는지 어떻게 알아요?"

내가 한숨을 폭 쉬자 누렁 선생이 말했어.

"하하, 걱정 마세요. 이 한자는 '늙을 노' 자인데 여기에 허리가 굽은 노인의 그림이 보이죠? 여러분이 뽑은 한자 뒤에는 이처럼 뜻을 유추할 수 있는 그림 힌트가 있답니다!

 잔칫집에서 생긴 일

누렁 선생은 우리를 빙 둘러보며 외쳤어.

"여러분, 이 바구니에서 한자 종이를 세 장씩 뽑으세요! 뽑는 순간 게임 시작입니다!"

우리는 누렁 선생의 말이 끝나기가 무섭게 우르르 몰려들었어. 나는 눈을 딱 감고 세 장을 골랐지.

하지만 이번에 뽑은 것 역시 처음 보는 한자야. 그래도 그림이 있으니까, 해볼 만해!

나는 문을 열고 당당하게 김 진사 댁으로 들어섰어.

안에서는 금동이의 돌잡이가 한창이었어.

금동이가 붓을 잡자 김 진사는 손뼉을 치며 크게 기뻐했지. 붓과 책을 집으면 큰 벼슬을 한다는 말이 있었거든.

돌잡이가 끝나자 사람들은 모여 앉아 잔치 음식을 먹었어. 그때 내가 가장 좋아하는 잔치 국수가 딱 보이지 뭐야!

'국수 한 그릇만 먹고 해야지.'

나는 냉큼 달려가 뜨거운 국수를 허겁지겁 먹었어. 너무 뜨거워서 입 안이 화끈거렸는데, 마침 상 위에 식혜가 보이길래 벌컥 들이켰지.

그 순간 정신이 몽롱해지더니 나도 모르게 눈이 스르르 감겨 버렸어.

얼마 뒤, 환호성 소리에 눈을 떴는데, 맹구가 한껏 뿌듯한 표정으로 달려오는 게 보였어.

"야호~ 붙였다! 이름표 다 붙였어~!"

이번에는 맹구가 정말 1등을 했지 뭐야. 나는 큰 충격에 휩싸였어. 공부엔 통 관심 없던 맹구가 개똥이를 제치고 1등을 했으니 말이야!

그나저나 나는 왜 그 중요한 순간에 잠들어 버린 걸까?

그림으로 기억하는 한자

맹구 학생! 숨은 실력자가 여기 있었군. 정말 잘했어요.

헤헤, 그림을 보니까 평소 아빠 엄마, 동생의 모습이 떠올라 답을 맞혔죠!

父

아비 부

손에 막대기를 들고 있는 모습을 본뜬 한자로 권력을 가진 사람을 표현했어요. 아버지, 어른을 뜻해요.
부(父)가 들어간 단어 : 학부모(學父母), 조부(祖父)

어미 **모**

무릎을 꿇고 앉아 젖을 물리고 있는 모습을 본뜬 한자로 어머니를 뜻해요.

모(母)가 들어간 단어 : 모녀(母女), 모유(母乳)

아들 **자**

포대기에 싸여 있는 아이의 모습을 본뜬 한자로 아들, 자식을 뜻해요.

자(子)가 들어간 단어 : 자손(子孫), 자녀(子女)

王

임금 왕

권력을 상징하는 도끼의 모양을 본뜬 한자로 임금, 왕을 뜻해요.
왕(王)이 들어간 단어 : 국왕(國王), 왕자(王子)

長

길 장

머리를 길게 풀어 헤친 노인의 모습을 본뜬 한자로 '길다', '어른'이라는 뜻이에요.
장(長)이 들어간 단어 : 회장(會長), 장수(長壽)

여자 **여**

무릎을 꿇은 채 손을 모으고 있는 여자의 모습을 본뜬 한자로 딸이나 여성을 뜻해요.
여(녀)(女)가 들어간 단어 : 소녀(少女), 효녀(孝女)

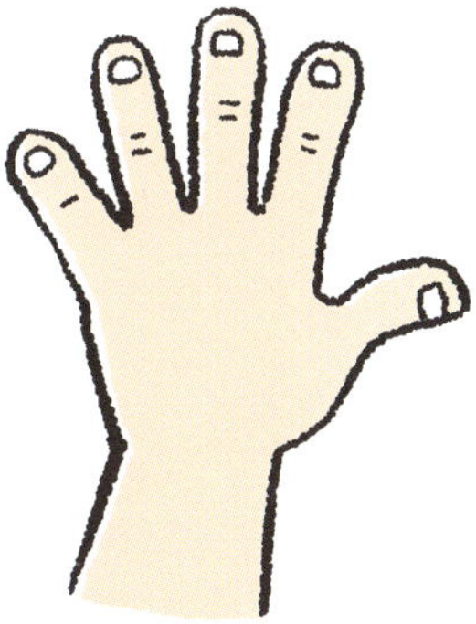

手
손 수

손을 쫙 편 모습을 표현한 한자로 손을 뜻해요.
수(手)가 들어간 단어 : 수건(手巾), 박수(拍手)

食
먹을 식

뚜껑이 있는 밥그릇에 밥이 그득히 담긴 모습을 본뜬 한자로 '음식', '먹다'라는 뜻이에요.
식(食)이 들어간 단어 : 간식(間食), 식사(食事)

8급 한자 쓰기

큰 소리로 읽고 획을 따라 쓰며 8급 필수 한자를 익혀 보아요.

필순 ノ 人

人	人	人			
	사람 인	사람 인			
사람 인					

필순 く 乂 女

女	女	女			
	여자 여	여자 여			
여자 여(녀)					

필순 ′ ′′ ″ 父

父	父	父			
	아비 부	아비 부			
아비 부					

필순 ㄴ ㄩ ㄉ 母 母

母	母	母			
	어미 모	어미 모			
어미 모					

필순 ㇀ 冂 口 尸 兄

兄	兄	兄			
	맏형	맏형			
맏 형					

필순 ㇀ ㇀ 凵 凵 肖 弟 弟

弟	弟	弟			
	아우 제	아우 제			
아우 제					

51

필순 ` ′ ⌒ F F F´ F⌒ F× 臼 臼 臼, 臼⌒ 與 學 學 學`

學	學	學			
배울 학	배울 학	배울 학			

필순 `一 十 才 木 木` 木´ 术 朩 杙 杧 校`

校	校	校			
학교 교	학교 교	학교 교			

필순 `′ ⋎ ⋏ ⺈ 耂 孝 孝 孝 孝⌒ 敎⌒ 敎`

敎	敎	敎			
가르칠 교	가르칠 교	가르칠 교			

필순 丶 丷 宀 宀 宀 宀 宀 宀 室

室	室	室			
집 실	집 실	집 실			

필순 丨 冂 冂 冃 同 同 同 國 國 國 國

國	國	國			
나라 국	나라 국	나라 국			

필순 丶 丆 丆 尸 民

民	民	民			
백성 민	백성 민	백성 민			

오싹오싹 3장
호랑이 고개에서 한자 찾기!

호랑이 고개에서 배우는
동물 한자

누렁 선생의 세 번째 수업

무시무시한 호랑이 고개를 넘어

산을 넘고 개울을 건너자 드디어 호랑이 고개가 나왔어.

쉬지 않고 올라온 탓에 우리는 헉헉대며 가는데 누렁 선생은 지친 기색 하나 없이 쌩쌩했어.

뒤따라오던 개똥이가 숨을 가쁘게 몰아쉬며 외쳤어.

"헥헥. 선, 선생님! 좀 쉬었다 가요~!"

너른 바위가 나오자, 모두 그 위에 널브러졌어. 그때 맹구가 뭔가 생각난 듯 벌떡 앉으며 말했어.

"들었어? 여기에 집채만 한 호랑이가 산대!"

"헉, 정말이야? 우리 호랑이 만나면 어떡해?"

"하하, 낮에는 호랑이가 얼씬도 하지 않을 테니 걱정 마세요. 자, 우리 여기서 수업할까요?"

그러자 전학생 똑순이가 냉큼 한마디 했어.

"선생님, 우리 삼겹살부터 먹고 해요!"

우리는 누렁 선생이 준비한 삼겹살을 지글지글 구워 맛있게 먹었어. 배불리 먹은 뒤, 모두 깊은 잠 속으로 빠져들었지.

얼마나 지났을까.

갑자기 숨이 막히는 느낌에 눈을 떴는데, 그 순간 난 꽥 소리를 지르고 말았어. 주위가 온통 해골과 뼈다귀 천지였거든!

맹구가 눈을 반쯤 뜬 채 부스스 일어났어.

"아, 마침 닭 다리 뜯는 순간이었는데! 너 때문에…."

"야! 지금 닭 다리 타령할 때가 아냐!"

"으악, 여기가 대체 어디야?"

누렁 선생은 언제 일어났는지 눈을 한번 끔벅하더니 당황한 기색 없이 중얼댔어.

"여긴… 아무래도 호랑이 배 속인 것 같은데…."

"네? 그럼… 우, 우리 호랑이한테 잡아먹힌 거예요?"
"그런 것 같아요. 하지만 걱정 마세요. 옛말에 '호랑이 굴에 들어가도 정신만 차리면 산다.'라는 말이 있잖아요!"
그런데 있잖아, 전학생 똑순이는 조금 달라 보였어.
글쎄, 물컹물컹 호랑이 배 속이 신기하다며 생글생글 웃기까지 했다니까! 정말 별난 아이 같았지.
어쨌든 우리는 호랑이 배 속을 다니며 빠져나갈 방법을 찾아보기로 했어.

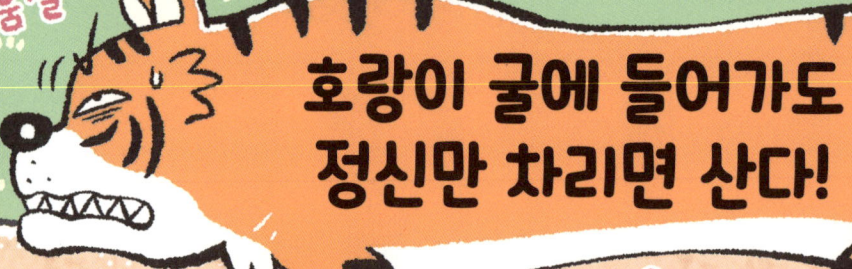

호랑이 굴에 들어가도 정신만 차리면 산다!

느닷없이 개똥이가 빽 소리치며 발라당 넘어졌어.

"악, 뭔가 내 발을 잡아당겼어!"

누렁 선생은 개똥이 발에 걸린 물건을 집어 들었어.

"이건… 말의 뼈예요."

"헉, 호랑이가 말도 잡아먹었나 봐요!"

"야, 사람도 먹는데 당연히 말도 먹겠지!"

그때 누렁 선생이 한자를 써 보였어.

"여러분, 말을 뜻하는 한자는 '마'예요. 말의 갈기와 눈, 다리를 그대로 본뜬 글자죠."

말 마

"선생님, 지금 한자 가르칠 때가 아니에요!"
"큼큼, 이럴 때일수록 평소대로 행동해야죠."
 세상에, 나는 황당해서 말이 안 나왔어. 그때 어디선가 구슬픈 소리가 들렸어. 고개를 돌리자, 비쩍 마른 소가 애처롭게 울고 있었어. 그런데 소를 본 누렁 선생은 또 한자 타령을 하지 뭐야!
"여러분, 소를 뜻하는 한자는 '우'라고 읽어요. 소머리를 본뜬 글자랍니다. 어때요, 소머리와 똑 닮았죠?"
"네에에~~네에에~~."
 그 순간 모두 눈이 휘둥그레졌어. 우리 중 누구도 대답한 사람이 없었거든. 우리는 소리가 나는 쪽으로 가 보았지.

와, 소머리를 꼭 닮았어요!

이게 바로 소 닮은 한자 '소 우' 란다.

소 우

네에~ 네에~

양이네!
딱 양이야!

그곳에는 새끼 양 두 마리가 엄마를 찾으며 울고 있었어. 아니나 다를까, 누렁 선생은 "여러분~"을 외치더니 또 한 자를 쓰기 시작했지. 정말 못 말린다니까!

양 양

"양은 한자로 '양'이라고 읽어요. 양의 머리를 본뜬 한자예요. 양은 소와 함께 인간이 키운 최초의 동물이죠. 고기뿐 아니라 털도 유용해서 길한 짐승으로 여겨, '길하다'라는 뜻으로도 쓰인답니다."

그러고는 새끼 양을 바라보며 말했어.

"이제 걱정 말렴! 우리와 여기서 함께 나가자!"

그때 개똥이가 툴툴대며 털썩 주저앉았어.

"어휴, 전 이제 배고파서 한 발자국도 못 움직이겠어요!"

"그럼, 맛있는 걸 먹고 힘을 내야지!"

"아이고~, 배야~~!!"

"에이~ 여기서 뭘 먹어요? 뼈다귀밖에 없는데."
"하하, 호랑이 고기를 먹으면 되죠!"

누렁 선생은 호랑이 배 속을 쓱쓱 자르더니 맹구가 피운 불에 고기를 지글지글 구웠지.

호랑이 배 속에서 먹는 호랑이 고기는 그야말로 최고였어!

그런데 호랑이는 배가 따끔따끔 아팠는지 데굴데굴 구르기 시작했어. 우리도 배 속에서 떽떼굴 구르다가 호랑이 똥구멍으로 뿌웅~ 하고 나왔단다!

뿌앙~

그림으로 기억하는 한자

鳥

새 **조**

새의 모습을 본뜬 한자로 하늘을 나는 새를 뜻해요.
조(鳥)가 들어간 단어 : 조류(鳥類), 칠면조(七面鳥)

虎

범 호

호랑이의 모습을 본뜬 한자로 호랑이나 용맹스러움을 뜻해요.

호(虎)가 들어간 단어 : 호환(虎患)

蟲

벌레 충

벌레를 뜻하지만 뱀의 모습을 본뜬 한자예요. 옛날 사람들은 뱀을 벌레의 일종으로 여겼대요.

충(蟲)이 들어간 단어 : 해충(害蟲), 충치(蟲齒)

烏
까마귀 오

까마귀는 몸이 까매서 까만 눈이 잘 보이지 않아요. 그래서 '새 조'(鳥) 자의 눈 부분에 획을 하나 뺀 형태로 표현했어요.

오(烏)가 들어간 사자성어 : 오합지졸(烏合之卒)

犬
개 견

앞발을 들고 있는 개의 모습을 본뜬 한자로, 짐승이나 개를 뜻해요.
견(犬)이 들어간 단어 : 맹견(猛犬), 견주(犬主)

魚
물고기 어

물고기의 모습을 본뜬 한자로, 물에 사는 물고기를 뜻해요.
어(魚)가 들어간 단어 : 어항(魚缸), 어부(漁夫)

貝

조개 패

껍질이 벌어진 조개의 모습을 본뜬 한자로 조개, 재물을 뜻해요.

패(貝)가 들어간 단어 : 패물(貝物), 어패류(魚貝類)

角

뿔 각

짐승의 머리에 솟은 뿔의 모양을 본뜬 한자로 뿔, 각도를 뜻해요.

각(角)이 들어간 단어 : 직각(直角), 삼각형(三角形)

象

코끼리 상

코끼리의 모습을 본뜬 한자로 코끼리뿐 아니라 '모양', '본뜨다'라는 뜻으로도 쓰여요.

상(象)이 들어간 단어 : 상아(象牙), 현상(現象)

에그머니 저게 뭐얏!

7급 한자 쓰기

큰 소리로 읽고 획을 따라 쓰며 7급 필수 한자를 익혀 보아요.

필순 ㅣ ㄇ 口

口 입 구	口 입구	口 입구			

필순 ㇒ 二 三 手

手 손 수	手 손수	手 손수			

필순 一 丆 丆 而 而 面 面 面

面 얼굴 면	面 얼굴 면	面 얼굴 면			

필순 ˊ ㅁ ㅁ ㅁ ㅁ 足 足

足
발 족

足	足			
발 족	발 족			

필순 ˊ 心 心 心

心
마음 심

心	心			
마음 심	마음 심			

필순 ˊ ㄣ ㄣ 气 气 気 気 氧 氣 氣

氣
기운 기

氣	氣			
기운 기	기운 기			

필순 一 丆 丆 百 百 审 東 東

東 동녘 동	東 동녘 동	東 동녘 동			

필순 一 丆 丆 历 西 西

西 서녘 서	西 서녘 서	西 서녘 서			

필순 一 十 ナ 冂 冇 冇 南 南 南

南 남녘 남	南 남녘 남	南 남녘 남			

필순 丨 丨 丬 丬 北

北
북녘 북

北 北
북녘 북 북녘 북

필순 丶 丷 亠 亣 亣 肯 前 前 前

前
앞 전

前 前
앞 전 앞 전

필순 丿 彳 彳 彳 彳 祎 祎 後 後

後
뒤 후

後 後
뒤 후 뒤 후

75

4장
비밀 감옥 탈출 대작전

관아에서 배우는
방향 한자

 # 누렁 선생의 네 번째 수업

와, 이번 수업을 정말 관아에서 할 줄이야! 어젯밤에 공부한 보람이 있어야 할 텐데…!

누렁 선생은 관아 앞에서 우리를 기다리고 있었어.

"여러분, 여기가 뭐 하는 곳이죠?"

"원님이 나랏일을 보는 곳이요!"

"맞아요. 오늘은 여기서 한자 게임을 할 거예요."

몸풀기용 한자 공부! 여기 보이는 큰 문을 본떠서, '문 문'이라는 한자가 됐어요!

문 문! 정말 문처럼 생겼네!

우리는 '게임'이란 말에 귀가 더욱 쫑긋해졌어.

"한자 힌트를 보고 관아에 숨겨진 물건을 찾아오는 게임인데, 우리가 절대 들어가면 안 되는 곳이 있어요. 바로 이런 한자가 적혀 있는 곳이죠!"

'出'은 '나가다'라는 뜻으로 '출'이라고 읽어요.
'入'은 '들이다'라는 뜻으로 '입'이라고 읽어요.
'不'은 '아니다'라는 뜻으로 '불'이라고 읽어요.
'可'는 '허락하다'라는 뜻으로 '가'라고 읽어요.
'출입불가'는 나가거나 들어가지 말라는 뜻이죠!

누렁 선생은 말을 이었어.

"오늘 가장 먼저 물건을 찾아오는 사람에게 훈장님이 애지중지하시는 최상품 꿀단지와 새로 오신 사또가 준비한 기막힌 선물을 줄 거예요."

우리는 '기막힌 선물'이라는 말에 입이 헤벌쭉 벌어졌지.

　누렁 선생은 한자가 적힌 세 장의 종이를 각각 나눠 주었어. 내가 받은 종이에는 '東', '上', '弓'이라는 한자가 적혀 있었지. 차례로 '동녘 동', '윗 상' 그리고 어제 오라버니가 가르쳐 준 '활 궁'이었어. 으하하, 예습한 보람이 있구나!

　가만, 이 한자를 다 조합해 보면… 옳거니, 동쪽으로 가서 위쪽에 놓인 활을 가지고 오라는 게 분명해!

　답을 찾은 나는 관아 안으로 들어섰어. 가장 먼저 동, 서, 남, 북 방향으로 나 있는 문이 보였는데 나는 바로 동쪽 문으로 향했지. 그런데 앞서가던 개똥이가 '출입불가'가 쓰여 있는 문을 들여다보지 뭐야! 나는 개똥이에게 소리쳤어.

　"개똥아, 거기 들어가면 안 돼!"

　바로 그때였어.

비밀 감옥에서 탈출하기

개똥이가 정신을 차리자, 사방을 둘러보던 누렁 선생이 입을 열었어.

"흐음, 이곳에 있는 네 개의 문에는 방향을 나타내는 한자가 적혀 있어요. 자, 어디로 나가야 할까요?"

나는 곰곰이 생각하다 이렇게 말했어.

"각각 '윗 상'(上), '아래 하'(下), '안 내'(內), '바깥 외'(外)자니까, '바깥 외' 자가 적힌 문으로 나가요!

하지만 바로 밖으로 나갈 수 있을 거란 생각은 빗나갔어. 문을 열자, 바닥에는 서로 다른 방향을 나타내는 화살표가 붙어 있었거든. 나는 울상을 지었어.

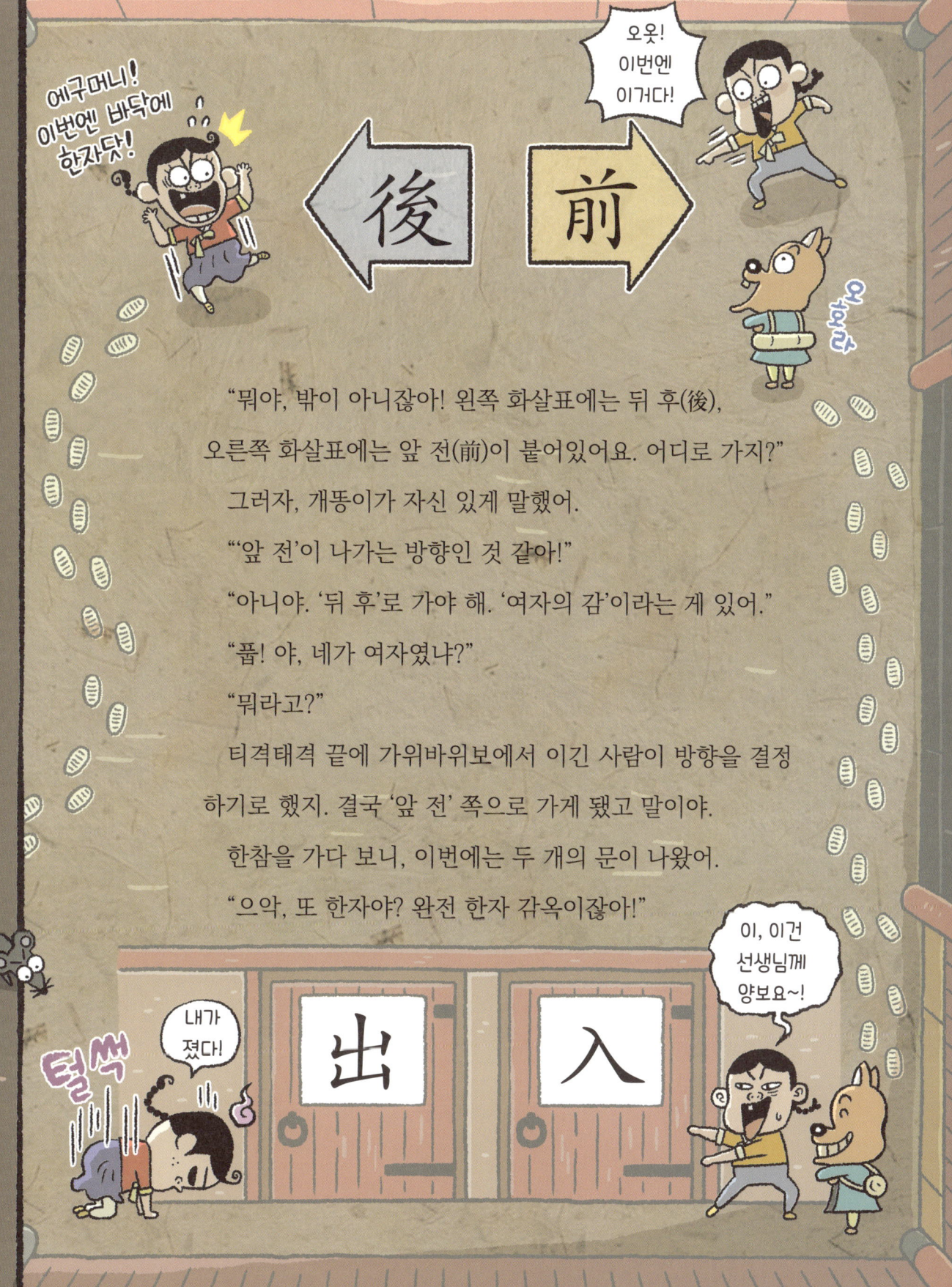

"여러분, 이 한자 기억 안 나요?"
누렁 선생의 말에 개똥이가 머리를 '탁' 치며 외쳤어.

"맞다! 문 앞에서 배운 '날 출'과 '들 입'이에요!"
"그래! '날 출' 자는 문 입구에서 발이 빠져나가는 모습을 본뜬 한자죠. '들 입' 자는 고개를 숙이고 낮은 문으로 들어가는 모습을 나타낸 한자고요"
"선생님, 그럼 '날 출' 문으로 나가봐요!"
개똥이랑 내가 동시에 외쳤어. 이제야 죽이 척척 맞는 것 같았어. 문을 열자, 눈부신 햇살이 쏟아져 내렸어.
드디어 지하 감옥에서 탈출한 거야! 우리는 서로 얼싸안은 채 환호성을 질렀어.

누렁 선생은 모두 모인 가운데 이렇게 말했어.

"여러분, 불미스러운 사고로 오늘 게임이 엉망이 됐네요!"

"그래도 다행이에요! 모두 무사히 만났잖아요."

"힝, 이번엔 내가 가장 먼저 물건을 찾았는데…."

맹구가 아쉬운 듯 입을 삐죽거렸어.

"맹구 학생, 섭섭해 말아요. 사또께서 기막힌 선물을 우리 모두에게 주기로 하셨답니다!"

그런데 그 기막힌 선물이 뭐였는지 알아? 천자문 책이었어!

사또가 어릴 적 우리 서당에서 공부했던 귀한 책이라나?

정말 기가 막히고 코가 막히는 아주 기막힌 선물이었지!

북녘 **북**

두 사람이 등을 맞댄 모습을 본뜬 한자예요. 사람은 보통 빛이 드는 남쪽을 향하고 북쪽을 등지는 것을 가리켜 '북쪽'이란 뜻을 담고 있어요.
북(北)이 들어간 단어 : 북극(北極), 북한(北韓)

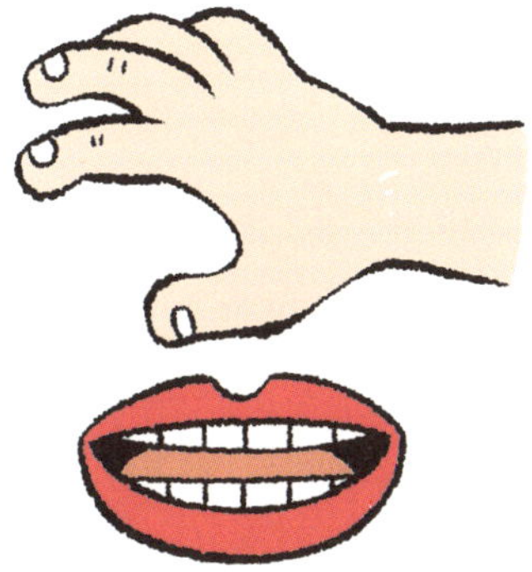

오른 우

오른손과 입이 합쳐진 모습으로 입에 밥을 넣는 손이 오른손이라 여겨 '오른쪽'이라는 뜻을 갖게 됐어요.
우(右)가 들어간 단어 : 좌우명(座右銘)

책 책

대나무로 만든 책의 모양을 본뜬 한자로, 책을 뜻해요.
책(冊)이 들어간 단어 : 공책(空冊), 책상(冊床)

보라고! 안 비슷 하냐고~!

西

서녘 서

새가 둥지로 들어가는 것을 본뜬 한자로, 해가 서쪽으로 지면 새도 둥지로 돌아가는 것을 가리켜 '서쪽'이란 뜻을 담고 있어요.

서(西)가 들어간 단어 : 서양(西洋), 대서양(大西洋)

下

아래 하

'아래', '내려가다'라는 뜻으로, 기준선 아래에 점을 찍어 아래를 표현했어요.

하(下)가 들어간 단어 : 지하철(地下鐵), 하류(下流)

花

꽃 화

꽃을 피운 모습을 본뜬 한자예요. '풀 초'(艹) 자와 '될 화'(化) 자가 결합해 싹이 자라 꽃봉오리를 맺는다는 데서 '꽃'이란 뜻을 담고 있어요.

화(花)가 들어간 단어 : 화병(花瓶), 화초(花草)

예쁘긴 하당! 헤~

東
동녘 동

나무(木) 사이로 해(日)가 떠오르는 모습을 표현한 한자로 해 뜨는 방향이 동쪽이라는 데서 '동쪽'이란 뜻을 담고 있어요.

동(東)이 들어간 단어 : 동양(東洋), 동풍(東風)

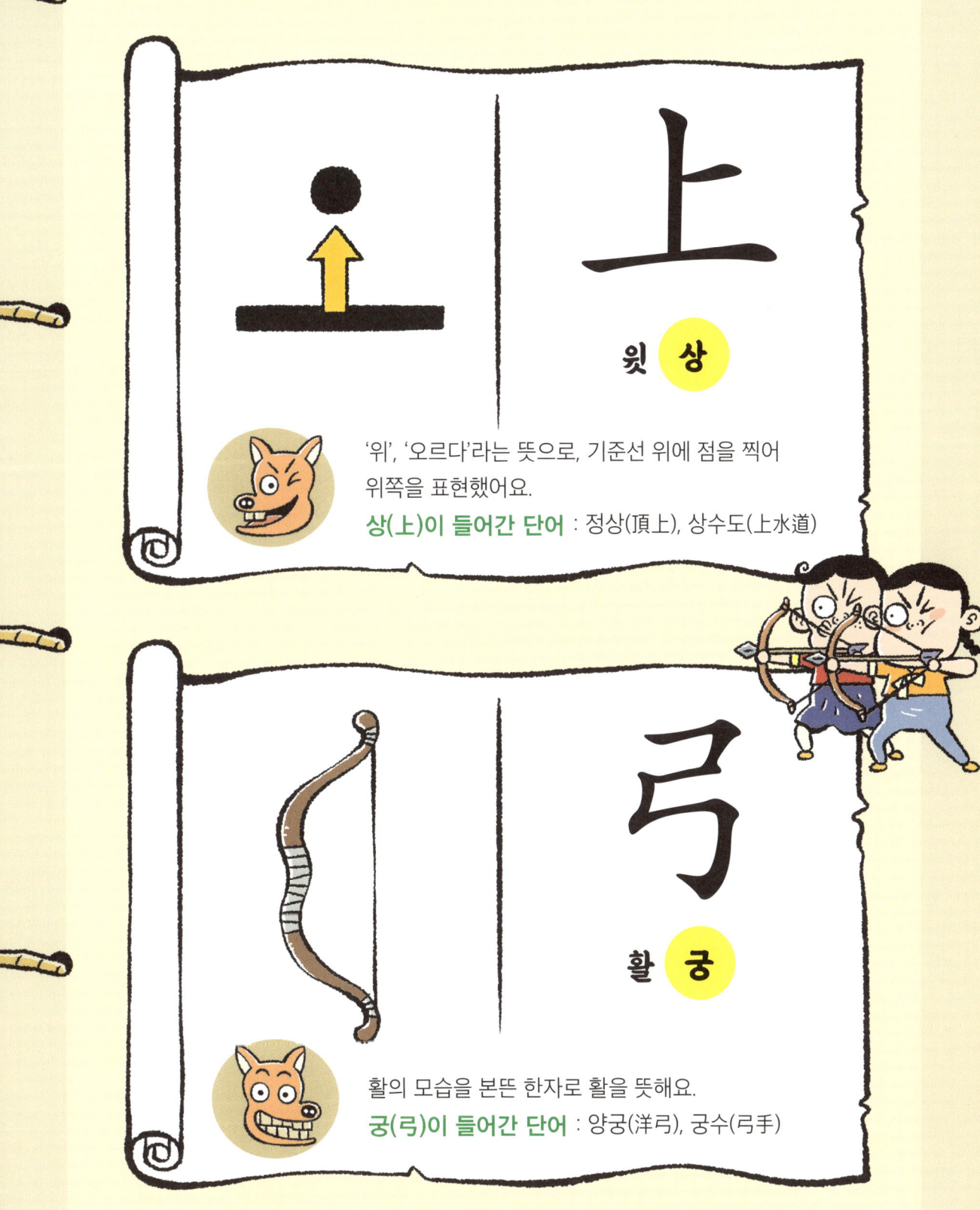

윗 **상**

'위', '오르다'라는 뜻으로, 기준선 위에 점을 찍어 위쪽을 표현했어요.
상(上)이 들어간 단어 : 정상(頂上), 상수도(上水道)

활 **궁**

활의 모습을 본뜬 한자로 활을 뜻해요.
궁(弓)이 들어간 단어 : 양궁(洋弓), 궁수(弓手)

7급 한자 쓰기

큰 소리로 읽고 획을 따라 쓰며 7급 필수 한자를 익혀 보아요.

필순 ノ 入

入 들입	入 들입	入 들입			

필순 丨 屮 屮 出 出

出 날출	出 날출	出 날출			

필순 一 ナ 疒 仹 左

左 왼좌	左 왼좌	左 왼좌			

필순 ノナオ右右

右	右	右			
	오른 우	오른 우			
오른 우					

필순 丨 卜 上

上	上	上			
	윗 상	윗 상			
윗 상					

필순 一 丅 下

下	下	下			
	아래 하	아래 하			
아래 하					

95

필순 一 十 才 木 木 朴 朴 杧 柿 植 植 植

植	植	植			
기를 식	기를 식	기를 식			

필순 ノ ⺧ 牛 牛 牜 牞 物 物

物	物	物			
물건 물	물건 물	물건 물			

필순 一 十 艹 艹 芢 苎 苗 草 草

草	草	草			
풀 초	풀 초	풀 초			

필순 ノ 川 川

川	川	川			
내 천	내 천	내 천			

필순 丶 丶 氵 氵 浐 汁 海 海 海 海

海	海	海			
바다 해	바다 해	바다 해			

필순 一 十 才 木 木 村 材 林

林	林	林			
수풀 림	수풀 림	수풀 림			

5장
두근두근 소풍 가는 날

들판에서 배우는
생활 한자

누렁 선생의 마지막 수업

 # 설레는 가을 소풍날

나는 일어나자마자 잽싸게 부엌으로 달려갔어.

"엄마, 엄마! 주먹밥 주세요!"

"응? 무슨 주먹밥?"

"오늘 소풍 가잖아요! 주먹밥 싸 주시기로 했는데…."

"어머, 내 정신 좀 봐! 요즘 추수 때문에 바빠서 깜박했네. 감자 싸 줄 테니까, 이번만 좀 봐 줘."

"힝, 뭐야! 소풍엔 뭐니 뭐니 해도 주먹밥인데!"

난 별수 없이 감자를 싸들고 나가 친구들과 누렁 선생을 기다렸어. 한참 뒤, 누렁 선생이 나타났는데 이번엔 온갖 잡동사니를 실은 수레를 끌고 왔지 뭐야.

"선생님, 이게 다 뭐예요?"

"곧 알게 될 거예요! 자, 이제 출발할까요?"

소풍 가는 길목에는 황금빛 들판이 끝없이 펼쳐져 있었어. 누렁 선생은 걸음을 멈추고는 우리를 돌아봤어.

"여러분 중에 '밭'이 한자로 뭔지 아는 사람?"

그러자 맹구가 손을 번쩍 들었어. 하여간 아는 건 없어도 자신감 하나는 최고라니까!

맹구는 성큼성큼 나오더니, 땅바닥에 한자를 썼어.

" '밭', '경작지'라는 뜻으로 '전'이라고 읽어요! 밭의 모습을 나타낸 한자예요! 맞죠, 맞죠?"

"잘했어요! 맹구 학생. 자 이제부터 문제를 낼게요!"

"네? 그럼 이건 문제가 아니었나요?"

"아! 이건 몸풀기예요. 진짜는 지금부터죠!"

누렁 선생은 맹구가 쓴 '밭 전' 자 밑에 '흙 토' 자를 썼어. 그러자 똑순이가 혼잣말로 중얼거렸지.

"밭과 흙이 있는 곳이라… 우리 마을 같은데?"

"오, 똑순 학생, 정답이에요!"

"네에? 제가 맞혔다고요?"

"이 한자는 '마을'이라는 뜻으로 '리'라고 읽어요. 사람들이 모여 흙을 갈고 밭을 만들어서 농사를 짓고 사는 마을을 뜻하죠."

수레를 뒤적이던 누렁 선생은 똑순이에게 상품으로 호박엿을 줬어.

이어서 누렁 선생은 '밭 전' 자 위에 '물 수' 자를 썼어.

"이 한자 아는 사람 있나요?"

난 그동안 쌓은 한자 실력을 보여 주고 싶어서 재빨리 손을 들었지.

"음… 물이 있는 밭이니까, 논이 아닐까요?"

"잘했어요! 물을 가득 담아 벼를 재배하는 논을 뜻하고 '답'이라고 읽지요."

난 상으로 예쁜 짚신을 받고 어깨가 으쓱해졌어.

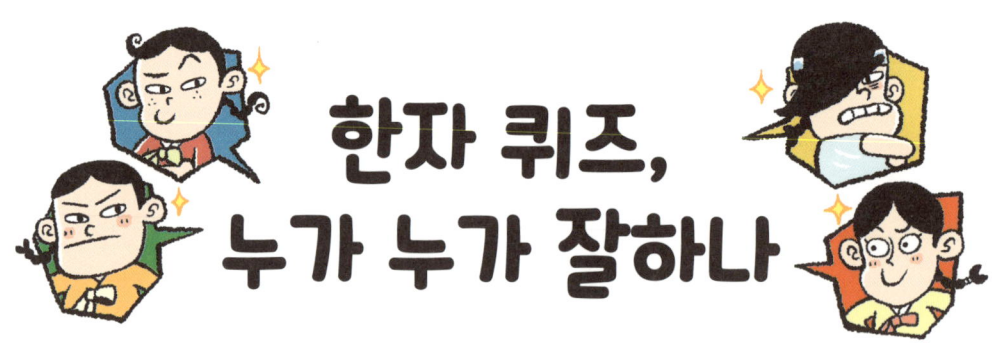

한자 퀴즈, 누가 누가 잘하나

상품을 하나도 못 받은 맹구는 시무룩해 보였어.

"여러분, 맹구 학생이 많이 속상한가 봐요. 다음 문제는 맹구에게 먼저 기회를 줄까요?"

"네네."

"자, 맹구 학생, 이건 한자로…."

"정다압~정답! '힘 력'이요."

"네, '힘 력'이죠. 그럼 여기서 문제! '밭 전' 자에 '힘 력' 자를 붙이면 무슨 한자일까요?"

맹구는 한참 생각하더니 입을 열었어.

"이건요, 밭에서 쟁기질하는 모습 같아요. 그러니까… '힘들다' 뭐 이런 뜻 아닐까요?"

"그럴 수도 있겠네요. 혹시 다른 의견 있는 사람?"

그때 개똥이가 번쩍 손을 들었어.

"밭에서 힘을 쓰는 모습을 나타낸 것 같아요. 주로 남자들이 힘을 쓰니까, 남자를 뜻하는 게 아닐까요?"

"개똥 학생이 맞혔어요. 이 한자는 '사내 남' 자예요!"

상품으로 멋진 붓을 받은 개똥이는 기분이 좋아서 연신 콧구멍을 벌렁거렸지.

그러자 맹구가 아쉬운 듯 볼멘소리를 했어.

"선생님, 딱 한 문제만 더 주세요!"

"좋아요, 마지막 문제입니다!"

누렁 선생은 '사람 인' 자와 '나무 목' 자를 합친 한자를 썼어. 그건 나도 잘 아는 한자였지. 하지만 맹구에게 기회를 주고 싶었어. 그때 맹구가 '저요~!' 하며 큰 소리로 외쳤어.

"사람이 나무 옆에서 기댄 모습을 본뜬 한자로 '쉬다'라는 뜻이고, '휴'라고 읽어요!"

드디어 문제를 맞힌 맹구는 꿀단지를 받았단다.

문제를 끝낸 뒤, 우리는 모두 둘러앉아 점심을 먹었어. 배가 고팠던 나는 얼른 감자를 꺼내 베어 물었지. 그런데 감자가 사과처럼 서걱거리지 뭐야. 어휴, 정신없는 우리 엄마가 생감자를 싸 준 모양이야. 아이코!

그때 맹구가 내게 주먹밥 한 덩이를 건네며 말했어.

"같이 먹자. 엄마가 친구랑 같이 먹으라고 많이 싸 줬어."

"정말? 맹구야, 고마워!"

나는 맹구가 건넨 주먹밥을 맛있게 먹고 상품으로 받은 꿀도 다 함께 나눠 먹었어.

모두가 행복했던 오늘은 내 생애 최고의 소풍날이었어.

春

봄 춘

艹(풀 초), 屯(처음 둔), 日(해 일)이 합쳐진 한자로, 햇볕을 받아 처음 싹튼 풀의 모습을 표현했어요.
춘(春)이 들어간 단어 : 입춘(立春), 청춘(靑春)

夏

여름 하

頁(머리 혈), 夊(천천히 걸을 쇠)가 합쳐진 한자로, 더워서 머리를 숙이고 천천히 걷는 모습을 표현했어요.
하(夏)가 들어간 단어 : 하복(夏服), 하지(夏至)

가을 추

禾(벼 화), 火(불 화)가 합쳐진 한자로, 벼가 햇볕을 받아 고개를 숙이는 가을의 모습을 표현했어요.
추(秋)가 들어간 단어 : 추석(秋夕), 추수(秋收)

겨울 동

夂(뒤쳐져올 치), 冫(얼음 빙)이 합쳐진 한자로, 글자 의미와 상관없이, 고드름이 끝에 달린 모습을 표현했어요.
동(冬)이 들어간 단어 : 월동(越冬), 동지(冬至)

畫(그을 획), 日(해 일)이 합쳐진 한자예요. 해가 동쪽에서 떠서 서쪽으로 질 때까지 그은 시간이 '낮'이라는 것을 표현했어요.
주(畫)가 들어간 단어 : 주간(畫間), 백주(白畫)

亦(또 역), 夕(저녁 석)이 합쳐진 한사예요. 亦(또 역)은 원래 사람의 어두운 겨드랑이를 뜻하여 어두운 저녁, 즉 밤을 표현했어요.
야(夜)가 들어간 단어 : 야식(夜食), 야광(夜光)

6급 한자 쓰기

큰 소리로 읽고 획을 따라 쓰며 6급 필수 한자를 익혀 보아요.

필순 一 二 三 丰 夫 表 春 春 春

春 봄 춘

필순 一 丁 丆 丂 百 百 百 頁 頁 夏 夏

夏 여름 하

필순 ノ ニ 千 手 禾 禾 禾 秒 秋

秋 가을 추

필순 ノ ク 夂 冬 冬

冬	冬	冬			
	겨울 동	겨울 동			
겨울 동					

필순 一 十 古 古 古 古 直 卓 龺 朝 朝 朝

朝	朝	朝			
	아침 조	아침 조			
아침 조					

필순 ノ ᅩ 느 午

午	午	午			
	낮 오	낮 오			
낮 오					

필순 ヽ 冂 曲 曲 曲 曲 芦 芦 芦 農 農 農

農	農	農			
농사 농	농사 농	농사 농			

필순 ヽ ㅣ ㅐ ㅐ 业 业 业 业 坐 坐 뽀 業 業 業

業	業	業			
업 업	업 업	업 업			

필순 ヽ 冂 日 旦 甲 界 果

果	果	果			
열매 과	열매 과	열매 과			

필순 ′ 丨 亻 自 自 自

自	自	自			
스스로 자	스스로 자	스스로 자			

필순 ′ ク 夕 夕 夘 夘 妖 妖 然 然 然 然

然	然	然			
그럴 연	그럴 연	그럴 연			

필순 ′ 亻 亻 亻 什 休 休

休	休	休			
쉴 휴	쉴 휴	쉴 휴			

훈장님이 기가 막혀!

초판 1쇄 발행 2021년 12월 10일
초판 2쇄 발행 2022년 3월 24일

글	김경희
그림	김석
편집	김서중 · 전현정 이선아 김채은 정윤경 ǀ **디자인** 상상이꽃처럼
제작	박천복 김태근 고형서 ǀ **마케팅** 윤병일 박유진 ǀ **홍보 디자인** 최진주
펴낸이	김경택
펴낸곳	(주)그레이트북스
등록	2003년 9월 19일 제313 - 2003 - 000311호
주소	서울시 구로구 디지털로31길 20 에이스테크노타워5차 12층
대표번호	(02) 6711 - 8676
홈페이지	www.greatbooks.co.kr
ISBN	978-89-271-9738-6 74700
	978-89-271-9246-6(세트)

※ 이 책은 저작권법에 따라 보호받는 저작물이므로
　무단전재와 무단복제를 금합니다.

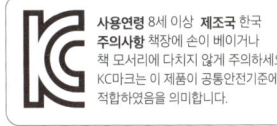